Friedrich Spiro, Georg Wentzel

Wolfgang Passow und Helene Passow geb. Mithoff am

ersten Mai 1890

Friedrich Spiro, Georg Wentzel

Wolfgang Passow und Helene Passow geb. Mithoff am ersten Mai 1890

ISBN/EAN: 9783744663571

Hergestellt in Europa, USA, Kanada, Australien, Japan

Cover: Foto ©ninafisch / pixelio.de

Weitere Bücher finden Sie auf **www.hansebooks.com**

ΕΠΙΘΑΛΑΜΙΟΝ

Wolfgang Passow

und

Helene Passow
geb. Mithoff

am elften Mai 1890

dargebracht

von

Friedrich Spiro und Georg Wentzel

I. Die Entführung der Helene
II. Hochzeitszug des Poseidon

— ◆●◆ —

Göttingen 1890
als Manuskript gedruckt

Druck von Louis Hofer in Göttingen.

Die Entführung der Helene.

Bemerkungen zu der ovidischen Epistel des Paris.

Das Problem, welches der ovidische Parisbrief (her. XVI) stellt, ist zunächst eine Frage
der Echtheit und der Textesüberlieferung.
106 Verse desselben (39—144) sind nur durch
einen Druck von Parma aus dem Jahre 1477
erhalten. Rühren sie von dem Verfasser der
ganzen Epistel her oder sind sie eine Fälschung
der Renaissance? Verdächtigt worden sind
sie schon vor langer Zeit. Zwei verbreitete
neuere Ausgaben führen sie überhaupt nicht
mehr; es ist jüngst sogar der fromme Wunsch
laut geworden, man möge doch endlich auf-
hören, den Dichter mit ihnen zu behelligen.
Von den Verteidigern ist mit Nachdruck be-
tont worden, dass ohne jene Verse der Zusammenhang des Briefes zerreisst, dass sie dem
Verfasser der Antwort der Helena (her. XVII)
vorgelegen haben, dass der angebliche Fälscher

ein seltsamer Mann gewesen sein muss: er hat nicht nur 106 gute lateinische Verse ein-geschoben, sondern auch dafür gesorgt, dass sie alsbald mit den raffiniertesten Corruptelen behaftet zur Welt kamen, Corruptelen, wie sie sonst nur im Laufe einer langen Textes-verwilderung entstehen. Von diesen Gesichts-punkten aus Neues beizubringen vermag ich nicht. Wol aber lässt sich die Frage auf einem anderen Wege zur Entscheidung bringen, durch eine Analyse der stofflichen Voraus-setzungen, des Sagenmaterials, auf welches der Brief gebaut ist. Paris erzählt recht viel von sich: woher hat das der Dichter? Seine Technik ist durchsichtig. Der Brief soll Helene überreden, sich Paris zu ergeben. Die er-zählten Tatsachen bilden die Grundlage der rhetorischen Argumentation. Auch diese ist nicht immer Eigentum des Dichters; gar mancher von den Elegikern her wolbekannte τόπος κοινός tritt hier in der Ausmalung des Details wieder auf. Aber dies alles sondert sich unschwer ab von dem Untergrund, auf dem es ruht, von der Hypothesis des Briefes im eigentlichsten Sinne des Wortes, von der Vorgeschichte des Paris und der Helene: diese gilt es aufzuhellen [1]).

I

Es ist das Nächstliegende, das alte Epos
zum Vergleiche heranzuziehen, die Kyprien.
Sie erzählten:

Eris kommt zu dem Male der Götter
bei der Hochzeit des Peleus und erregt
zwischen Athena, Hera und Aphrodite
einen Streit über ihre Schönheit. Diese
werden auf Befehl des Zeus von Hermes
auf den Ida zum Alexandros geführt.
Alexandros giebt der Aphrodite den Vor-
zug, verleitet durch die Aussicht auf Helene.
Darauf baut er sich nach der Anweisung
der Aphrodite eine Flotte. Helenos prophezeit ihm die Zukunft. Aphrodite veranlasst
den Aineias mitzufahren. Kassandra
weissagt die Zukunft. Alexandros landet
in Lakedaimon und wird von den Dioskuren bewirtet, ebenso nachher in Sparta
von Menelaos. Beim Gastmahl überreicht
Alexandros der Helene Geschenke. Darauf
segelt Menelaos nach Kreta, nachdem er
der Helene befohlen, für die Gäste bis zu
deren Abreise zu sorgen. Um diese Zeit
führt Aphrodite die Helene dem Alexandros
zu. Nach vollzogener Vereinigung bringen
sie die meisten Schätze zu Schiffe und

segeln zur Nachtzeit ab . . . .
Alexandros fährt nach Ilion und begeht
feierlich die Hochzeit mit Helene.

So der dürftige Auszug des Proklos, soweit er für unsern Brief in Betracht kommt.
Ihm tritt für einige Partien ein sehr gewich-
tiger Zeuge zur Seite, kein Geringerer als
Euripides. Er hat die Kyprien reichlich aus-
genutzt. Das Paris-Urteil erwähnt er oft,
bald knapper, bald ausführlicher, aber alle-
mal bis in die kleinsten Züge so übereinstimmend, dass man annehmen muss, er habe
e i n e bestimmte Darstellung vor Augen gehabt. Ausser gelegentlichen Anspielungen, an
denen namentlich die Helene reich ist, sind es
vor Allem das erste Stasimon der Andromache,
das zweite Stasimon der Hekabe, die Parodos,
das erste Stasimon und die Monodie der
Iphigeneia in der Iphigeneia in Aulis, sowie
die grosse Verteidigungsrede der Helene in
den Troerinnen, welche die Scene mit einer
solchen Uebereinstimmung schildern, dass der
Schluss auf eine gemeinsame Quelle notwendig
ist. Denn an keiner einzigen dieser Stellen
liegt auch nur die Möglichkeit vor, dass Euripides irgend etwas selbst erfunden habe.
Lyrische Stücke und kurze Hindeutungen sind

es, in denen er an allgemein verständliche, den Hörern vertraute Vorstellungen appelliert. Bei Euripides ist Paris als Hirt aufgewachsen (Andr. 280 f.; Hek. 646. 944; Hel. 27—30. 359; J A 180. 575. 1291 f.); als die Göttinnen ihm nahen, weidet seine Herde J A 579 f.), er selbst aber weilt einsam auf dem Ida (Andr. 281 f.), in einem abgelegenen Waldtale (Andr. 275. 283; Hel. 23), die Zeit sich durch Gesang verkürzend, den er als Hirt von Kind an gelernt hat (Hel. 356—358; J A 573—578); zwischen den Göttinnen war Streit entstanden über ihre Schönheit; Paris richtet ihn; von dem der späteren Zeit geläufigen Schönheitsapfel natürlich hier ebensowenig eine Spur, wie bei Proklos (Andr. 278 f.; Hek. 644 ff.; Hel. 23 ff. 228 f. 678; J A 580; Tro. 924. 972 ff.); Hermes geleitet die drei Göttinnen im Auftrage des Zeus nach dem Ida (Andr. 276; J A 1302 f.); bevor sie vor Alexandros hintreten, baden sie in einer Quelle des Ida (Andr. 285 f.; Hel. 676; J A 182. 1294 f.); die Blumen der Aue pflücken sie zum duftenden Schmuck (J A 1296 f.); alle drei bieten dem Paris ihre Gaben (Andr. 287 ff.; J A 180. 1300 ff.), Athena Kriegsruhm (J A 1305; Tro. 925 f.), Hera Macht (J A 1306;

Tro. 927), Aphrodite die Helene, und Aphrodite siegt, nicht durch ihre Schönheit, sondern
durch den versprochenen Besitz der Helene
(Andr. 289 f.; Hel. 27—30. 238. 681; J A 179 ff.
581— 586. 1304; Tro. 929—933); allerwärts
wird hervorgehoben, dass alles Unheil über
Troia durch diesen Richterspruch des Paris
hereingebrochen sei (Andr. 291 f.; Hek. 640 f.
647 ff; Hel. 239 f.; J A 587 f.). Die Einheit-
lichkeit dieser Erzählung, in der fast alle
Züge mehrfach belegt sind, leuchtet ebenso
ein, wie die Uebereinstimmung mit Proklos.
Die Kernpunkte sind bei beiden gleich.
Alexandros entscheidet sich für Aphrodite, heisst es
in dem Excerpt, *verleitet durch die Aussicht auf Helene*. Daraus folgt für die Kyprien
erstens, dass auch die andern Göttinnen ent-
sprechende Gaben geboten haben, zweitens, dass
auch dort Paris nicht durch die Schönheit der
Göttinnen, sondern durch ihre Gaben sich bestimmen liess; Beides entspricht dem Euripides
Für Einzelheiten versagt natürlich das Zeugnis
des Proklos; jedoch die Verse der Kyprien
sind noch erhalten (Athen. XV 682 f.), in
denen geschildert wird, wie Nymphen und
Chariten *auf dem Gipfel des quellenreichen Ida*
die duftigen Blumen der Erde zum Kranze

winden und der Aphrodite ins Haar flechten:
Euripides singt von der blumigen Wiese auf
dem Ida, wo die Göttinnen die Blätter der
Rosen und Hyacinthen pflücken (J A 1296
—1298).

Hier setzen nun aber die Vasenbilder
ein, die schwarzfigurigen und von den rot-
figurigen diejenigen strengen Stiles. Die
Kunst des sechsten und des ersten Drittels
des fünften Jahrhunderts erzählt durchaus
übereinstimmend: Paris wuchs auf dem Ida
auf, nicht als Königssohn und nicht als Jäger,
sondern als einfacher richtiger Hirt. Einst
sass er, während seine Herde abseits weidete,
auf einer Felsklippe, in einsam abgelegener
Waldgegend, und vertrieb sich die Zeit, wie
Hirten es tun, indem er zur Kithara sang[2]).
Da nahte ihm ein Zug göttlicher Gestalten,
voran Hermes, hinter ihm Hera, dann Athena,
zuletzt Aphrodite. Blumen und Kränze
schmückten die Göttinnen[3]). Den Hirten aber
ergriff Schrecken über die ungewohnte Er-
scheinung Er wollte eiligst entfliehen, und
es wäre ihm auch gelungen, hätte nicht Hermes
ihn festgehalten und beruhigt[4]). Der Götter-
bote theilte ihm mit, dass er im Auftrage des
Zeus die Göttinnen zu ihm geführt hätte: er

sollte entscheiden, welche von ihnen die schönste
wäre. Darauf schwang sich Hermes davon,
und Paris blieb mit den Himmlischen allein.
Diese boten ihm ihre Gaben, und auf Grund
dieser entschied Paris, zweifellos für Aphrodite.
Es bedarf kaum eines Wortes, dass diese
in sich geschlossene Darstellung vollkommen
identisch ist mit derjenigen, die dem Euripides
vorlag. Die Schilderung des Lokales, Paris
als Hirt, sein Gesang, der Blumenschmuck der
Göttinnen, die Entscheidung nach deren Versprechungen — alles das ist beiden gemeinsam.
Damit rückt die Quelle des Euripides in das
siebente Jahrhundert hinauf. Es ist also nur
an ein Epos zu denken. Wesentliche Ele-
mente der Erzählung haben nachweislich in
den Kyprien gestanden, folglich sind diese die
Vorlage des Euripides und der Vasenmaler
gewesen.

Der Sachverhalt wird besonders deutlich,
wenn man die Vasenmalerei des schönen Stiles
und des Verfalles zum Vergleiche heranzieht.
Diese Kunstwerke heben sich von den alten
deutlich ab. Zunächst in der Wahl des dargestellten Momentes. Die sf Vasen zeichnen
ausschliesslich den Augenblick, in welchem die
Gottheiten an Paris herantreten und Hermes

diesem den Befehl des Zeus eröffnet; nur dass einige aus der Gesamtdarstellung die durch Weglassung des Paris willkürlich verkürzte Gruppe der drei Göttinnen mit oder ohne Hermes herausgreifen. Dabei bleibt auch der strenge Stil der rf Vasen: allein hier kommen ein paar Darstellungen der κρίσις selber hinzu. In der späteren Malerei dagegen giebt es kaum einen Zeitpunkt von den Vorbereitungen der Göttinnen an bis zur letzten Entscheidung, der nicht dargestellt wäre. Auch inhaltlich kommen in den späteren Stilgattungen andere Vorstellungen von dem tatsächlichen Verlauf des Ereignisses auf. Von den letzten Zeiten des schönen Stiles an wird Paris bei dem Urteil nicht mehr als Hirt, sondern als Prinz dargestellt: reich gekleidet in üppige phrygische Gewänder sitzt er inmitten der Gottheiten[5]). Davon weiss die ältere Kunst nichts. Wie die Tragoedie des fünften Jahrhunderts zur Voraussetzung hat, dass Paris, von seinen Eltern bald nach der Geburt ausgesetzt, als Hirt aufwächst, bis zu dem Urteil unbekannt mit sich und seiner Herkunft, so schildert ihn auch die alte Vasenmalerei nicht als Königssohn, der gelegentlich ins Gebirge geht, um die Herden seines Vaters zu hüten, sondern als echten Hirtenknaben in der einfachsten Kleidung; nicht zur Andeutung der Herkunft, sondern als Richter erhält er, wie alle Autoritätspersonen, ein Scepter; er singt zur Leier und erschrickt heftig beim Anblick der Götter. Gerade dies ist verständlich allein unter der Voraussetzung, dass Paris von seiner Abstammnung nichts weiss, sondern nur der schlichte Hirt und Sklave ist. Für den Königssohn, der, in der Burg seines Vaters aufgezogen, mit seiner göttlichen Verwandtschaft wohl vertraut ist, passt diese Scheu ganz und gar niccht. In den späteren Kunstwerken, die den Paris nur als Prinzen kennen, verschwindet denn auch dieses Motiv, ebenso wie der Gesang zur Kithara. Dem Sprossen aus dem gottverwandten Hause des Priamos kann es nur ein Vergnügen sein, die Göttinnen zu mustern und zu richten. In der Tat richtet Paris auf den späteren Vasen die Göttinnen nach ihrer leiblichen Schönheit, eine Auffassung, von der sich in alter Zeit keine Spur findet. Es ist vielmehr auffallend, dass auf einigen sf und rf strengen Vasen Athena und Hera ihre Attribute, Helm, Lanze und Scepter, so demonstrativ hinhalten, dass über die Bedeutung der Geberde und die Absicht des Malers ein Zweifel nicht

obwalten kann⁶). Die für die alte Vasenmalerei feststehende Reihenfolge der Göttinnen
wird vom schönen Stil ab willkürlich durchein-
andergeworfen. An Stelle der Blumen, Früchte
und Kränze, welche die Göttinnen ehedem
trugen, werden in jüngerer Zeit allerlei raffi-
nierte Toilettenkünste gesetzt, besonders bei
Aphrodite. Ein wesentlicher Unterschied zeigt
sich ferner bei der *κρίσις* selber: die Anwesen-
heit des Hermes bei diesem Vorgange kennen
erst die Vasen schönen Stiles und noch spätere,
denen rf strengen Stiles ist sie fremd⁷). Ein
Motiv freilich bleibt von Anfang bis zu Ende:
die Charakteristik der Landschaft als des
ὑλόκομον νάπος auf dem Ida. Aber die Scenerie
muss, da sie schon in der mit decorativen An-
deutungen so sparsamen sf Malerei immer
wieder vorkommt, zu dem wesentlichen Bestande der ältesten Erzählungen vom Parisurteil gehört haben. Der Erisapfel scheint
auf den Vasen ganz zu fehlen⁸).

So bietet die Entwickelung der Vorstellungen über das Parisurteil in der späteren
Kunst nicht das Bild einer plötzlichen Neu-
gestaltung der alten Sage durch eine indivi-
duelle schöpferische Kraft, sie charakterisiert
sich vielmehr als ein allmähliches Verblassen

der früheren Vorstellungen. Um so deutlicher aber wird es, wie in der alten Kunst nur **eine** Erzählung lebendig gewesen ist, die der Kyprien. Mit dem Parisurteil erscheint bei Euripides zweimal, in jenem Stasimon der Hekabe (632—634) und in der Helene (230—235), verbunden die Erbauung der νῆες ἀρχέκακοι. Das wird kaum auf Zufall beruhen. Zwar auch Homer erwähnt dies Ereignis flüchtig (*E* 62—64). Aber Euripides hat mehr. Nach ihm lässt Paris auf dem Ida Holz für die Flotte fällen: von dem Ida und dem Holzfällen weiss Homer nichts. Proklos führt auch hier auf die Kyprien.

Endlich die Verteidigungsrede der Helene in den Troerinnen. Auch da beschränkt sich die Uebereinstimmung mit den Kyprien nicht auf das Parisurteil. Helene beruft sich darauf, dass mit Alexandros die Aphrodite nach Sparta gekommen sei, der sie widerstandslos habe folgen müssen (940)[9]); bei Proklos ist Aphrodite in Sparta und führt das Paar zusammen. Helene wirft ferner dem Menelaos vor, er habe sie mit Paris allein gelassen und sei nach Kreta gereist (943); das steht wieder bei Proklos. Die Widerlegung der Helene gibt Hekabe; durch ihren Mund kritisiert

Euripides die Sage überhaupt, daher aus dieser Rede sich nur ein weiterer Punkt für die Sage ergibt. Zur Zeit des Raubes der Helene lebte Kastor noch, sagt Hekabe (1000 f.), obendrein im Widerspruch mit einer andern Stelle des Stückes (132)[10]. In den Kyprien fiel nach Proklos Kastor erst nach der Entführung der Schwester. Für diese Partie der Troerinnen ist also Euripides, soweit es sich um den Raub der Helene und seine Vorgeschichte handelt, der populären Version der Kyprien in allen Stücken gefolgt.

II

Wir sind nunmehr im Besitze eines kräftigen Rüstzeuges für die Beurteilung des ovidischen Gedichtes. Die demselben zu Grunde liegende Fabel ist den Kyprien entlehnt, gleichviel durch welche Mittelquelle. Die Uebereinstimmung mit den Kyprien erstreckt sich bis auf unscheinbare Einzelheiten. Sie findet sich in gleicher Weise in den unzweifelhaft antiken Teilen des Briefes wie in dem aus jüngerer Ueberlieferung stammenden Stücke: damit wird dessen Echtheit erhärtet[11].

Das Parisurteil wird in dem letzteren ausführlich erzählt, in den alten Partien mehrfach gestreift. Paris sitzt in einem einsamen waldigen Thale des Ida, abseits seiner Herde. Da naht ihm Hermes mit den drei Göttinnen. Paris erstarrt vor Schreck. Aber Hermes beruhigt ihn und befiehlt ihm im Auftrage des Zeus, den Schönheitsstreit zu entscheiden. Dann schwingt er sich durch die Luft davon und lässt Paris mit den Göttinnen allein. Diese bieten jenem ihre Gaben an: Hera Macht, Pallas kriegerische Tüchtigkeit, Aphrodite die Helene. Paris vergisst alles Richten und greift nach dem versprochenen Besitze der schönsten Frau: Aphrodite erhält den Preis (53—88. 20. 35. 165—168). Zug für Zug stammt aus den Kyprien. Die Schilderung der Scenerie entspricht genau den Vasenbildern und dem Euripides. Bei diesem ist Paris der *νεανίας μονότροπος βοτήρ* (Andr. 281), er sitzt in einem *ὑλόχομον νάπος* (Andr. 284), in dem *Ἰδαῖος κευθμών* (Hel. 24), die Vasen zeichnen dieselbe Landschaft: bei Ovid ist es (53) ein *locus in mediae nemorosis vallibus Idae devius et piceis ilicibusque frequens.* Sodann kennt der Dichter die alte stehende Abfolge der Göttinnen (81—86. 165), die nur auf den ältesten Vasenbildern erhalten ist. Das Gleiche gilt von dem

Erschrecken des Paris (**67**), und wie auf den sf und den frühesten rf Vasen ist es Hermes, der den Erschrockenen beruhigt und die Verhandlung einleitet (**68—70**). Auch der Zug ist schon für rf Vasen strengen Stiles erwiesen, dass Hermes unmittelbar, nachdem er seinen Auftrag ausgerichtet, sich entfernt [12]). Auf der grossen Mehrzahl der späteren Vasen und fast durchweg auf den Kunstwerken der römischen Epoche, auf den etruskischen Spiegeln, den Wandgemälden, den Sarkophagen und sonstigen Sculpturen, ist Hermes bei der κρίσις notwendige Person. Wichtig ist auch, dass Paris bei Ovid wie in den Kyprien, nicht nach der Schönheit, sondern nur nach den Gaben richtet: die spätere Kunst lässt ihn durchweg die Göttinnen einzeln besichtigen. Vollends durchschlagend ist endlich das Fehlen des Erisapfels: so gewiss er der alten Zeit fremd ist, so verbreitet ist er in der römischen Epoche. Er beherrscht fast die gesamte mythographische Tradition in Literatur und Kunst. Dass ihn unser Dichter nicht kennt, ist in der Tat beweisend.

Auf das Parisurteil folgt bei Proklos die Erbauung der Flotte, nach Euripides fand sie auf dem Ida statt. Auch hierzu stimmt der

Brief. Paris schildert, wie er das Holz für die Schiffe habe fällen lassen. Er specialisiert sogar das Lokal, indem er Gargara, die eine der drei Kuppen des Gebirges, nennt (53—56). Bei dem Bau der Flotte unterstützte den Alexandros in den Kyprien Aphrodite, und damit begann in dem Epos deren bestimmende Rolle in der Führung der Ereignisse. Die gleiche Stellung hat sie in der Epistel. Unter ihrer Leitung baut Paris die Flotte und segelt von Sigeion ab (21 f.), ihr Rat veranlasste die ganze Reise (16—18. 21 f.), sie heisst ihn nach Vollendung der Schiffe in die See stechen (117), sie fördert die Fahrt durch günstige Winde (23. 25). Wir erinnern uns auch, dass in den Troerinnen Helene in ihrer auf die Kyprien zurückgeführten ῥῆσις vorbrachte, Alexandros habe, als er nach Sparta kam, Aphrodite mit sich gebracht. In dem Brief ist das Abbild der Aphrodite und des Eros das Emblem des Schiffes, in welchem Paris nach Hellas segelt (115 f.).

Im Augenblicke der Abfahrt trat nach den Kyprien Kassandra dem Bruder entgegen und prophezeite das Unheil, das über ihn und Troia kommen würde. Auf denselben Zeitpunkt verlegt der Parisbrief die Weissagung der Kassandra (121—124. 276 f.).

In den Kyprien folgte sodann die Landung des Alexandros in Lakedaimon, dieser seine Einkehr bei den Dioskuren, später bei Menelaos. Die Epistel spezialisiert den Landungsort, indem sie Tainaron nennt (30)[13]; die Aufnahme bei den Dioskuren übergeht sie, aber von der Gastfreundschaft des Menelaos entwirft sie genaue Schilderungen (129 ff.; 219 f.). Die Kyprien erzählten im Anschluss daran, Alexandros habe der Helene beim Gastmahl (εὐωχία) Geschenke (δῶρα) überreicht. Die Uebergabe der Geschenke lässt der Dichter des Briefes fallen; denn dieser ist — notwendiger Weise — fingiert als das erste offene Liebesgeständnis des Paris, als seine erste absichtliche und directe Einwirkung auf Helene. Trotzdem sind die *convivia* beibehalten (219 ff.), der Dichter benutzt sie, um nach einem in der römischen Erotik nicht seltenen Motive die Liebesqualen, die Paris in der Gesellschaft der Helene und des Menelaos aussteht, ausführlich zu malen. Und wenn bei ihm Paris auch nur vorgiebt, nach Sparta gekommen zu sein, um Handel zu treiben, Schätze, δῶρα, hat er ebendeshalb mitgebracht: jener Vorwand dient nur dazu, das zu motivieren.

Nunmehr fügten die Kyprien die Reise

des Menelaos nach Kreta an; er lässt Helene
mit Paris zurück und legt ihr die Verpflegung
der troischen Gäste ans Herz. Genau dasselbe kehrt in der Epistel wieder, Paris führt
sogar die Abschiedsworte des Menelaos an und
beutet sie in gewohnter Weise als Argument
aus (300 ff.).

Paris schreibt den Brief unmittelbar nach
der Abreise des Menelaos. Man sollte also
erwarten, Ereignisse, welche später fallen, nicht
berührt zu finden. Gleichwol ist dies der
Fall, und wieder zeigt sich die vollkommenste
Uebereinstimmung mit Proklos. Paris dringt
in Helene, sie solle sich ihm sofort ergeben,
hier in Lakedaimon, noch während der Ab-
wesenheit des Gatten (283 ff.; 297 ff.; 311 ff.).
Der Dichter der Kyprien liess das Liebespaar
seine Vereinigung in Sparta selbst vollziehen,
ehe noch Menelaos aus Kreta zurückgekehrt
war, darin im Gegensatz zu Homer, der dies
Ereignis nach einer Felseninsel verlegte (Γ 145),
und zu den Späteren, die teils dem Homer
folgten und jene Insel mit verschiedenen Namen
benannten, teils die Entführung selbst völlig
umdichteten.

In dem Briefe hofft Paris, dass Aphrodite,
wie sie ihn bisher begünstigt habe, so auch

diesen seinen Lebenswunsch erfüllen und Helene mit ihm vereinen werde (25 f.): in den Kyprien war es Aphrodite, welche die Liebenden zusammenführte

Paris sucht ferner Helene zu überreden, dass sie ihn nur einmal nächtlicher Weile aufnehme, dann werde er sicher erreichen, dass sie ihm nach Troia folge (319—324). Kurz und bündig sagt Proklos, dass das Paar nach seiner Vereinigung zur Nachtzeit mit vielen Schätzen in die See stach.

Endlich verheisst Paris der Helene, falls sie ihm jetzt zu Willen sei, den Fehltritt zu legitimieren durch den Abschluss einer gesetzmässigen Ehe (297). Eben dies war der Verlauf in den Kyprien: dort wurde die Ehe zwischen beiden in Troia nach der Rückkehr des Alexandros in aller Form abgeschlossen.

Das ist es, was sich an der Hand des Proklos ermitteln lässt. Die durchgehende Uebereinstimmung des Briefes mit dem Epos ist dargetan und damit für alles Folgende ein sicheres Fundament gewonnen.

Neben Helene traten auf lakonischer Seite in den Kyprien die Dioskuren hervor. Nachweislich erzählte von ihnen das Epos, wie sie die Töchter des Leukippos entführten[14]), ohne deren Vater die ἔδνα zu geben, wie sie den Alexandros bewirteten, wie bei dem Gelage ihre Vettern Idas und Lynkeus, die Aphariden, über jene billige Ehe spotteten, wie die Dioskuren, hierüber ergrimmt, die Rinder des Aphareus raubten, und wie dadurch jener Kampf entstand, in dem Lynkeus und Kastor fielen, während den Idas der Blitz des Zeus zerschmetterte. Die letzten Ereignisse liegen hinter der Flucht des Paris und der Helene: wol aber kennt der ovidische Brief den Leukippidenraub (329).

Doch noch eine weitere Heldentat der Dioskuren, ihre eigentliche ἀριστεία, enthielten die Kyprien, die Befreiung der Helene aus den Händen des Theseus.

In den östlichen Gauen Attikas erzählte man seit alter Zeit: Theseus und sein Freund Peirithoos raubten die schöne Helene, bargen sie unter der Hut der Aithra, der Mutter des Theseus, und zuverlässiger Freunde in der Burg Aphidna und stiegen zum Hades hinab, um die Kore zu gewinnen; während Hades sie fesselte, bestürmten die Brüder der Helene Aphidna, verwüsteten das Land, eroberten Helene wieder und führten Aithra als Gefangene von dannen. Kastor fiel dabei von der

Hand des Aphidnos, des Burgherrn von Aphidna.
Die lakonische Tradition, die auf dem Kypselos-
kasten (Paus V 19, 3), bei Alkman (ebd. I
41, 4) und bei Pindar (ebd. I 41, 5) vorliegt,
also gleichfalls recht alt, aber aus der attischen
entwickelt ist, machte aus der Einnahme von
Aphidna eine Eroberung von Athen. [15])
Nach den Kyprien (Ath. VIII 334 c =
fgm. 6 K) war Helene die Tochter des Zeus
und der Nemesis von Rhamnus. Diese war
nach langem Sträuben der Liebesverfolgung
des Gottes erlegen und hatte ein Ei geboren,
welches später in die Hände der Leda kam.
Aus dem Ei entstand Helene, welche Leda als
ihr eigenes Kind aufzog. Dass diese Dichtung
contaminiert, liegt auf der Hand. Wenn
Helene zwei Mütter erhält, so heisst das nur,
dass zwei ursprünglich verschiedene Trägerinnen
jenes Namens, eine attische und eine lakonische
Helene, identificiert werden. In der Tat,
was hat die Tochter Attikas mit dem troischen
Königssohne zu tun, der sich die Tochter der
Leda aus Sparta holt? Aber gerade wenn
der Dichter der Kyprien (oder schon die von
ihm benutzte Sage) contaminierte, blos, um
die Geschichte von der Liebschaft des Zeus
und der Nemesis in kaum 30 Versen zu be-

singen, wird er das nicht getan haben. Wenn er einmal die attische Herkunft der Helene in ein Gedicht oder wenigstens in eine Partie einführte, die sonst nur troisch-lakonische Sagen gab, so lässt sich annehmen, dass er dann auch die sonstigen Beziehungen der Helene zu Attika, die allein durch jene Fabel motiviert werden, darstellte, d. h. ihre Entführung durch Theseus. Nun wird die Sage erzählt in einem Iliasscholion (Γ 242). und zwar so, dass dort lakonische und attische Motive verschweisst werden. Die Contamination verschiedener Autoren in diesem Scholion wird erhärtet durch seine subscriptio: *die Geschichte steht bei Polemon und den Kyklikern, ein Teil davon auch beim Lyriker Alkman.* Diese Quellenangabe beraubt uns der Möglichkeit, auch nur einen einzigen Zug aus der Erzählung des Scholions für einen der genannten Schriftsteller in Anspruch zu nehmen, soweit nicht anderweitige Zeugnisse dazu kommen. Aber sie erhebt zur Gewissheit, dass der Raub der Helene durch Theseus irgendwie in den Kyprien erzählt war. Auf diese die Kykliker des Scholions zu beziehen, ist das Natürliche. Denn die Kyprien enthielten ohnehin die ganze Vorgeschichte der Helene, obendrein mit Betonung ihrer attischen Herkunft. Sodann aber setzt das Scholion den Alkman, der nur einen Teil der erwähnten Sage kenne, gerade deshalb in Gegensatz zu den Kyklikern. Dann muss bei diesen irgendwo eine vollständige Erzählung gestanden haben. Das einzige kyklische Epos aber, welches die Geschichte *in extenso* darstellen konnte, waren die Kyprien. Die beiden Gedichte, welche die Iliupersis besangen, Arktinos und Lesches, berichteten ja wol, wie in dem Strassenkampf bei der Einnahme Troias die Söhne des Theseus, Demophon und Akamas, ihre Grossmutter Aithra fanden, erkannten und retteten [16]); und dabei musste zur Sprache kommen, wie Aithra in die Hände der Helene und nach Ilion gelangt war; aber eine ausführliche Darstellung jener zurückliegenden Ereignisse inmitten einer Schilderung der Nyktomachie ist undenkbar. Der Kampf der Dioskuren in Attika konnte dort nur *ἐν παρόδῳ* erwähnt werden, vielleicht in drei bis vier Versen. Für die Kyprien ist damit freilich nur so viel gesichert, dass sie die Sage enthielten. Jedoch es hat sich nicht ergeben, in welcher Version sie dort vorkam. Schwerlich in der attischen: der Tod Kastors vor Aphidna war von dem Dichter nicht zu ver-

wenden, denn bei ihm fiel Kastor im Kampfe
mit den Aphariden; auch musste die attische
Helene mit ihrer troisch-lakonischen Umgebung
doch einigermassen ausgeglichen werden.[17])
Aber ich sehe keine Möglichkeit, hierüber zur
Gewissheit zu gelangen.

Auch der ovidische Brief kennt den Raub
der Helene durch Theseus, und wenigstens
in einem daran anknüpfenden Motive ist
seine Abhängigkeit von den Kyprien unver-
kennbar. Nur bei Schriftstellern des dritten
Jahrhunderts, bei Lykophron und bei Duris,
nachweisbar, aber trotzdem ursprünglich und
alt ist die Sage, dass Helene dem Theseus
die Iphigeneia gebiert, *die Gewaltentsprossene*.
Von dieser attischen Sage wichen die Kyprien
ab. Dort war Iphigeneia die · echte Tochter
Agamemnons. Die Vermittelung zwischen
dieser Tatsache und der andern, dass der
Theseusraub in den Kyprien vorkam, liefert
die Epistel: in ihr lässt Theseus die Geraubte
unberührt, und jungfräulich kehrt Helene in die
Heimat zurück (149 162). Gerade dieser Zug
hat ein hohes Alter: die alte attische Komoedie
hat ihn gekannt und zu ihren Spässen benutzt[18].)

III.
Damit ist Alles erschöpft, was in dem

Briefe durch äussere Zeugnisse auf die Kyprien zurückgeführt werden kann. Aber die Epistel, und zwar wiederum sowol die verdächtigte Partie als auch die unbestritten antiken Stücke, enthält noch sehr viel mehr, die ganze Jugendgeschichte des Paris: Hekabes Traum (39 – 50), die Aussetzung des Paris, sein Heranwachsen unter den Hirten (52 f.; 359 f.), seine Beteiligung an den zur Erinnerung an seinen angeblichen Tod von Priamos gestifteten Leichenspielen (361 f.), seine Wiedererkennung und Aufnahme in das Vaterhaus (89—92). Hier erhebt aber ein anderes Gedicht anscheinend gewichtige Ansprüche, der Alexandros des Euripides, das erste Stück der 415 aufgeführten Trilogie Alexandros, Palamedes, Troerinnen. Den Hauptinhalt dieses Dramas bildete in der Tat die Wiederfindung des Paris und seine Aufnahme in das Elternhaus. Es muss also der Versuch gemacht werden, von dem Gange des Stückes eine Vorstellung zu gewinnen. Die Bruchstücke der euripideischen Tragoedie und der Uebersetzung des Ennius, sowie einige Anspielungen in den Troerinnen geben für die wesentlichsten Scenen reichliches Material.[19])

Als Hekabe mit Paris schwanger ging, träumte ihr, sie würde eine Fackel gebären,

welche ganz Troia in Flammen setzte. Apollons
Orakel erklärte dem Priamos auf Befragen: der
Sohn, den Hekabe gebären würde, werde das
Verderben des Vaterlandes sein, er solle ihn
sofort töten. Priamos aber hatte nicht den Mut,
sein Kind mit eigener Hand umzubringen. Er
gab es einem seiner Hirten, damit dieser es
aussetzte. Der trug das Knäblein auf die
schneeigen Höhen des Ida. Dort lag es ver-
lassen, aber eine Bärin nahm sich seiner an
und säugte es. So fand der Hirt das Kind
nach fünf Tagen wieder und zog es auf, gegen
den Befehl seines Herren, bis es gross, schön
und stark wurde, und nannte es Paris. Als
der Knabe zum Jüngling herangereift war,
zeichnete er sich durch Tapferkeit aus. Einst
hatten Räuber aus den königlichen Herden
eine Menge Vieh hinweggeführt; in hartem
Kampfe eroberte er die Tiere zurück. Seitdem
nannte man ihn Alexandros. Durch seine Schönheit wurde er der Abgott aller Hirten. Ent-
scheidend für sein weiteres Schicksal ward
sein Urteil in dem Streit der drei Göttinnen:
Aphrodite, der er den Preis gab, hatte ihm
Helene versprochen, das schönste Weib. Jetzt
stand sein Sinnen nur darauf, sie zu gewinnen.
Und als, wie alle Jahre, Priamos in Ilios zur

Erinnerung an den verlorenen Sohn Kampfspiele veranstaltete, da zog Alexandros, ohne
jede Ahnung seiner Abkunft, vom Ida hinab
zu dem Wettkampf, zu dem Jedermann Zutritt
hatte, um den Siegespreis und danach Helene
zu gewinnen An diesem Zeitpunkt beginnt
das Stück. Der Prolog exponierte die ganze
Vorgeschichte. Er wurde gesprochen von der
einzigen Person, die Alles übersehen konnte,
dem alten Hirten, der den Paris ausgesetzt
und auferzogen hatte [20]). Jahre lang hatte der
Alte die Stadt und die Königsburg gemieden,
damit sein Ungehorsam verborgen bleibe; nun
aber, da Paris nach Troia gezogen, will er
sehen, was da werden mag Er erblickt den
König, der aus dem Palaste tritt. Einer Be-
gegnung will er ausweichen, und so begiebt
er sich weg nach dem Kampfplatz.

Priamos tritt auf. Seinen Gram um den
getöteten Sohn, dessen Gedächtnis der heutige
Tag neu belebt, klagt er dem einziehenden
Chore, den Volksältesten Ilions, die in lebhaft
bewegter kommatischer Parodos den Herrscher
zu trösten suchen. Sie erinnern Priamos, den
w e i s e n Priamos [21]), daran, dass der Tod
Allen gemeinsam sei, und ein allgemeines Leid
mit Mass zu tragen, lehre die W e i s h e i t

(Eur. fgm. 47). In ruhiger Rede setzt nach der Parodos der König mit dem Chorführer das Gespräch fort, welches dazu dient, des Weiteren die Stimmung im Königshause zu exponieren. Priamos, der die Tröstungsversuche des Chorführers beharrlich ablehnt, erwartet sehnsüchtig einen Boten, der ihm den Verlauf der Spiele berichte (Eur. fgm. 44. 45. Enn. fgm. III). Der Bote erscheint auch, und seine Rede bildete den Mittelpunkt des ersten Epeisodions. Ausführlich war die Schilderung der überraschenden Ereignisse, die sich soeben vollzogen. Eine grosse Menge Volkes war herbeigeströmt, viele aus niederem Stande. Ein Hirt vom Ida, Sklave des Priamos, begleitet von einer Schar anderer Hirten, war in die Schranken getreten und hatte nicht nur gekämpft, sondern sogar gesiegt, über Alle, auch über die eigenen Söhne des Königs. Diese, insbesondere Deiphobos, in Scham und Zorn entbrannt, haben lauten Streit begonnen mit dem Sklaven, dem sie den Siegespreis missgönnen. Bei Priamos werden sie sich die Entscheidung holen. Der Bote aber fasst das Ergebnis des Wettkampfes am Schlusse seines Berichtes dahin zusammen, Priamos siege durch seine Sklaven, von denen man es nicht erwartet habe; diejenigen dagegen, auf die man gebaut habe, seine Söhne, haben ihm die Niederlage gebracht (Enn. fgm. IV. V. Eur. fgm. 48).

Im folgenden Epeisodion erschienen die beiden feindlichen Parteien auf der Bühne, die Priamiden, an ihrer Spitze Deiphobos, und Alexandros, umgeben von seinen Freunden [22]. Ein breit ausgeführter $\dot{\alpha}\gamma\dot{\omega}\nu$ $\lambda\acute{o}\gamma\omega\nu$ bildete den Mittelpunkt dieser Scene und damit des ganzen Stückes. Doch es war keiner der bei Euripides sonst so gewöhnlichen Redekämpfe zwischen zwei streitenden Personen, sondern ein förmlicher Kapitalprocess, Ankläger und Angeklagter vor dem Richter. Genau so gebaut war in dem zweiten Stück der Trilogie der Process des Odysseus gegen Palamedes vor Agamemnon, und in den Troerinnen liefert der Process der Helene, deren Tod Hekabe bei dem Richter Menelaos beantragt, das Gegenstück. Vor Priamos erhebt Deiphobos die Klage gegen Paris: er weist darauf hin, welch eine Last und welch eine Gefahr ein hochstrebender Diener für Haus und Herren sei, seine Rede gipfelt in dem Verlangen nach der Beseitigung des Paris [23]. Alexandros begann seine Verteidigung mit einem in der ge-

riçhtlichen Praxis häufigen Gedanken: die
διαβολαί der Gegner seien ein übles Ding, und
Ungewandtheit im Reden lasse oft die gerechte
Sache der Zungenfertigkeit der Gegner unter-
liegen [24]). Aber in Wahrheit ist e r es, der
mit dem vollen Rüstzeug der modernen Sophi-
stik gegen seine Ankläger sich verteidigt.
Ein heftiger Wortstreit schloss sich an diese
Reden an. Gewiss ergriffen die Hirten lebhaft
für ihren Genossen Partei, während den Greisen
die ungemeine Aehnlichkeit des Paris mit den
Priamiden auffiel (fgm. ad. 109), und so das
folgende Epeisodion, der *ἀναγνωρισμός*, vor-
bereitet wurde. Auch Priamos wird sich nicht
teilnahmlos verhalten haben. Es muss zur
Sprache gekommen sein, was den Paris nach
Troia getrieben habe. Er giebt die Wahrheit
an: die Aussicht auf Helene. Aber daraus
gewinnt Deiphobos nur ein neues Argument:
das sei der Beweis für die *κακία* der Sklaven,
bei ihnen sei Alles nur Sinnenlust (Eur. fgm.
50); und von dem Weib, das der Sklave suche,
sei auch nicht viel zu erwarten: *ἐκ τῶν ὁμοίων
οἱ κακοὶ γαμοῦσ᾽ ἀεί* (Eur. fgm. 60). Schliesslich aber gereicht dem Paris zum Verderben
das, worauf er seine Hoffnung gebaut hatte,
seine Beredsamkeit, seine von edlen, fein zu-

geschliffenen Maximen überfliessende Rede: ein solcher Diener ist wirklich gefährlich. Zu spät erkennt er, was ihn ins Unheil stürzt: οἴμοι, ϑανοῦμαι διὰ τὸ χρήσιμον φρενῶν, ἦ τοῖσιν ἄλλοις γίγνεται σωτηρία (Eur. fgm. 59). Seine Freunde eilen bestürzt hinweg, um dem alten Pflegevater, den sie in der Stadt wissen, das Unerhörte mitzuteilen. Es folgte ein längeres jambisches Chorlied (Stasimon), welches die in der vorigen Scene angeschlagenen Motive, Gedanken über das Wesen der κακία und der εὐγένεια, weiter ausführt[25]). Der Chor neigt sich allmälich auf die Seite des Alexandros.

Das dritte Epeisodion enthielt den ἀναγνωρισμός, herbeigeführt durch den alten Hirten. Um seinen Zögling zu retten, enthüllt er dem Priamos die Abkunft des Paris. In scharfem Verhör mag die ganze Jugendgeschichte des Paris erörtert worden sein. Den Beweis für seine Aussagen wird der Alte schwerlich durch die crepundia geführt haben, von denen in andern Traditionen die Rede ist[26]). Wol aber dürften, wie öfter bei Euripides körperliche Merkmale ihre Rolle gespielt haben, zumal der Chor schon vorher auf die Aehnlichkeit des Paris mit den Priamiden hingewiesen hatte.

Mit Freuden wird Alexandros — der natürlich
bei dem ganzen Auftritt auf der Bühne an-
wesend ist — aufgenommen. Etwas deutlicher als diese fast ganz unkenntliche Scene [27])
ist das, was zunächst folgt. Aus dem Palaste,
in dem lauter Jubel tönt, treten Priamos und
Hekabe im Wechselgespräch über das Erlebte,
in welchem Priamos die unerwartete Fügung
der Gottheit erkennt (Eur. fgm. 63). Da be-
merkt der Chorführer Kasandra an der Pforte
des Palastes (Eur. fgm. 859). Drinnen in dem
Lärm war sie still gewesen, nun aber muss
sie hinaus, die Eltern zu warnen vor der
Brandfackel, die sie in ihr Haus aufgenommen.
Erst hebt sie ruhig an zu reden. Dann aber
packt sie der Gott. Willenlos, mit wild
rollenden Augen stösst sie die furchtbarsten
Prophezeiungen aus. Sie entrollt das ganze
Unheil. Sie schreit um Hilfe, sie fleht zu dem
Chor, den φίλιπποι Τρῶες (Eur. fgm. 929),
die Fackel zu löschen und Paris zu töten:
die dürftigen und entstellten Bruchstücke
lassen uns die grause Erhabenheit fühlen,
welche an dieser Scene der Schriftsteller vom
Erhabenen (p. 29, 16 V) bewundert hat (fgm.
ad. 414, Enn. fgm. VII.). Wie die Prophezeiung der Kasandra vereitelt ward, darüber

fehlt jeder Anlass auch nur zu einer Vermutung, und so bleibt das Ende des Stückes
in Dunkel gehüllt[28]).

IV

So vieles Problematische auch dieser Re-
constructionsversuch einer verlorenen Dichtung
enthalten muss, das, was auf sicheren Zeug-
nissen beruht, genügt, um die ungemeine
Aehnlichkeit einiger Partien des euripideischen
Dramas mit Ovids Brief augenfällig zu machen.
Hekabes Traum, dem bei Ovid in der Lücke
nach v. 50 gewiss eine dem Euripides ent-
sprechende Schilderung der Aussetzung und
der Jugend des Paris gefolgt war, die Entstehung des Namens Alexandros, die Kampfspiele standen in beiden Dichtungen. Die
Wiedererkennung des Paris geschieht nach dem
Briefe (90) *per rata signa.* Dieser allgemeine
Ausdruck ist an sich wol vereinbar mit dem,
was sich für die Erkennungsscene bei Euripides als möglich ergab. Der Prolog endlich
des Dramas enthielt sicher das Parisurteil,
und dann doch ohne Abweichungen von den
Troerinnen, die hierin völlig zu dem Briefe
stimmen. Gleichwol wäre die Abhängigkeit
des letzteren von Euripides erst dann ge-

sichert, wenn sich zeigen liesse, entweder, dass
Euripides die Fabel von der Aussetzung und
Wiederfindung des Paris selber erfunden habe,
oder, dass der Brief gerade in solchen Dingen
mit Euripides gehe, die dieser zweifellos
eigens erfunden hat.

Nun ist die Aussetzung des Paris sicher
älter als der Alexandros des Euripides. In
dem ersten Stasimon der Andromache, also
etwa anderthalb Jahrzehnte vor der troischen
Trilogie, erzählt Euripides: kurz nach der Geburt des Paris habe Kasandra unter dem
heiligen Lorbeerbaum das Unglück voraus-
gesagt, das dieses Kind über Ilion bringen
werde; alle Damogeronten der Stadt habe sie
angefleht, das Kind zu töten; aber die Eltern
haben das nicht gewagt, sondern das Kind auf
dem Ida ausgesetzt. Oder vielmehr: Euripides
erzählt das nicht, er setzt es als bekannt
voraus, und für sein Drama, die Andromache,
ist die Sage allerdings ohne Bedeutung.
Folglich hat nicht e r sie erfunden. Man pflegt
in jüngster Zeit zwar diese Beziehung des
Chorliedes in der Andromache nach Roberts
Vorgang [29]) zu bestreiten, aber die einfache
grammatische Interpretation lässt keinen andern Sachverhalt zu. Euripides hat die gleiche

Sage in der aulidischen Iphigeneia, und dort fügt er hinzu, von der Aussetzung auf dem Ida sei Paris in Troia 'Ιδαῖος genannt worden (1290). Dieser Paris 'Ιδαῖος erscheint wieder in der Andromache (706), und in der Hekabe (944), also gleichfalls vor dem Alexandros.

Durch diesen Tatbestand wird es von vornherein ausgeschlossen, dass, wie man neuerdings gemeint hat [30]), Sophokles der Erfinder der Jugendgeschichte des Paris sei. Von seinem *Alexandros* sind nur wenige Worte erhalten. Jedoch man erkennt deutlich einen Botenbericht über die Spiele, in denen Alexandros siegte. Hat Sophokles diese Fabel erfunden, dann muss sein Stück einen kolossalen Erfolg gehabt haben. Es müsste im Anfang des archidamischen Krieges so populär gewesen sein, dass Euripides mit beiläufigen Anspielungen verstanden wurde und die Version des Sophokles ausdrücklich als massgebend anerkannte, ja, dass er hinterdrein in s e i n e m Alexandros die ganze Sage — noch einmal dichtete, ein ganz undenkbares literarisches Verhältnis. Ferner müsste dann die gesamte mythographische Tradition die Schöpfung des Sophokles acceptirt haben; also auch hier ein beispielloser Erfolg. Aber — kein Mensch

im Altertum scheint das Stück seines In-
haltes wegen angesehen zu haben. Die
spärlichen Citate stammen alle von Gram-
matikern, welche sprachliche Erscheinungen
belegen wollen. Die Tragoedie des fünften
Jahrhunderts erfindet überhaupt keine Sagen
mehr, am wenigsten Sophokles: und wenn
man deshalb zu dem Vorbild der von diesem
geschaffenen Aussetzung des Paris die Aussetzung des Kyros bei dem auch sonst von
Sophokles benutzten Herodot (I 108 ff.) gemacht hat [3]), so wird dies dadurch widerlegt,
dass den ausgesetzten Paris eine Bärin rettet
(Lyk. 138; Apd. III 12, 5, 4), ein echt my-
thisches Motiv, für das bei Herodot eine ratio-
nalisirende Wendung eintritt (I 110 ff.), be-
trügerische Machinationen des den Kyros aus-
setzenden Hirten und seiner Frau Spako.
Vollends beseitigt wird die Originalität des
Sophokles dadurch, dass die archaischen Vasenbilder in der Darstellung des Parisurteils
Paris nicht als Königssohn kennen, sondern
nur als echten Hirten, der von seiner Abkunft
nichts weiss: mit jeder anderen Auffassung sind
sie unvereinbar, sie setzen die ganze Jugendgeschichte des Paris schon voraus. Nein, der
Alexandros des Sophokles und der des Euri-

pides benutzen dieselbe Vorlage, eine Dichtung, die älter als das sechste Jahrhundert und im fünften populär gewesen sein muss. Ich darf schon jetzt fragen: was kann das anders gewesen sein als die Kyprien?

Von Euripides aber ist der Brief des Paris unabhängig. Gerade was den eigentlichen Inhalt des Alexandros ausmacht, schiebt die Epistel bei Seite, sie berücksichtigt nur die Vorgeschichte ausführlich. Bei Euripides ein langer Botenbericht über die Kampfspiele: darüber bei Ovid zwei Zeilen. Bei Euripides ein langer $\dot{\alpha}\gamma\dot{\omega}\nu$ $\lambda\dot{o}\gamma\omega\nu$ über die Aufnahme des Paris: davon bei Ovid nichts. Bei Euripides eine ausgeführte Erkennungscene: über dasselbe Ereignis bei Ovid zwei Zeilen. Der Schwerpunkt des Interesses ist also für den römischen Dichter ein wesentlich anderer.

Die Entscheidung liegt in der Weissagung der Kassandra. Auch Euripides hat sie den Kyprien entlehnt. Aber um sein Stück zusammenzuhalten, hat er sie auf den Zeitpunkt der Wiedererkennung des Paris verlegt, während sie in den Kyprien unmittelbar vor dessen Abfahrt stattfand. Jene Verbindung der Prophezeiung der Kassandra mit der Aufnahme des Paris in das elterliche Haus ist

die Erfindung des Euripides. Und hierin hält
es der ovidische Brief nicht mit Euripides,
sondern mit den Kyprien: Kassandra erscheint
an der Küste, eben als Alexandros abfahren
will (**121—124**).

Zu demselben Schluss nötigt auch der
Traum der Hekabe. So wie er bei Euripides
erzählt wird (Ennius fgm. 1), lässt er erkennen,
dass Euripides eine Vorlage vor Augen gehabt und umgedichtet hat. Euripides führt
ein Doppelmotiv ein: bei ihm befragt Priamos
das Orakel des Apollon wegen des Traum-
gesichtes, und Apollon weissagt ihm die Zukunft Troias. War das Orakel befragt, dann
war der Traum unnötig; war der Traum gegeben, so genügte dessen Deutung durch die
ὀνειροκρίται. Jedes dieser beiden Motive hätte
allein ausgereicht. Ihre Verbindung ist also
nicht ursprünglich. Nun kann in den Kyprien
das Orakel auf keinen Fall gestanden haben:
das Epos operiert überhaupt nicht mit Orakeln
in jenem Sinne. Wol aber in ausgedehntem Masse
die Tragoedie, zum guten Teil nach eigener
Erfindung. In diesem Zuge erkennt man daher
unschwer die Hand des nachdichtenden Tra-
gikers Demnach war die ältere Erzählung
die, dass Hekabes Traum durch die Seher ge-

deutet wurde. Eben diese Version kennt der ovidische Brief, nicht das Orakel Apollons. Folglich sind die Uebereinstimmungen des Euripides und der Epistel durch die Benutzung einer gemeinsamen Vorlage zu erklären. Diese mit Sicherheit zu bestimmen, ermöglicht uns wiederum die Weissagung der Kassandra in der Epistel (**121 · 124**). Kassandra prophezeit dem Paris, er werde eine Feuersbrunst mitbringen, er wisse nicht, *quanta per has flamma petatur aquas.* Dieses Bild giebt die Erfüllung von Hekabes vorher erzähltem Fackel-Traume und der Deutung desselben durch die Seher, es hat diese Momente zur Voraussetzung. Demnach gehören Traum und Prophezeiung unlösbar zusammen, sie entstammen derselben Quelle. Die Prophezeiung ist für die Kyprien bezeugt: aus ihnen, nicht aus Euripides hat sie der Dichter des Briefes geschöpft. Auch Hekabes Traum und die Jugendgeschichte des Paris waren in den Kyprien erzählt.

Den Schlussstein des Beweises liefert allerdings erst der Ueberblick über die älteste Ueberlieferung der Sage.

Erstens. Die Sage ist älter als die Andromache des Euripides. Sie wird auf Vasenbildern des sechsten Jahrhunderts vorausgesetzt

.

und ist im fünften populär. Sie kann nur im Epos untergebracht werden.

Zweitens. Die Aussetzung des Paris und seine Wiedererkennung bilden den Stoff des Alexandros des Euripides. Das einzige Motiv, welches in diesem Drama über jene Sage hinausging, die Weissagung der Kassandra, war den Kyprien nachgebildet. In dem dritten Stück derselben Trilogie, den Troerinnen, nimmt eine zusamenhängende Partie, die ῥῖσις der Helene, die Voraussetzungen des ersten Stückes, die Aussetzung des Paris, auf (920 ff.) und verbindet sie mit dem Urteil des Paris und der Entführung der Helene, wobei diese zwei Motive genau nach den Kyprien erzählt werden.

Drittens. Die Aussetzung des Paris bildet den zweiten Teil des ersten Stasimons der Andromache (293—308), desselben Chorliedes, dessen erste Hälfte das Parisurteil im engsten Anschluss an die Kyprien besingt.

Viertens. Die Aussetzung des Paris erscheint in der Iphigeneia in Aulis als erster Teil derselben Monodie (1283—1295), deren zweite Hälfte bei der Schilderung des Paris-urteils die Kyprien benutzt.

Wenn also endlich die Aussetzung des Paris in der ovidischen Epistel ein integrierender Bestandteil ist, wenigstens an einem wesentlichen Punkte untrennbar von der den Kyprien entnommenen Grundfabel, so ist in der Tat der zwingende Beweis geliefert, dass jene Sage in den Kyprien gestanden hat [33]).

V

Die Consequenzen für den ovidischen Brief sind leicht gezogen. Sowol in den unzweifelhaft alten, wie in den jünger bezeugten Teilen sind die Entlehnungen aus den Kyprien nachgewiesen. In beiden ist also dieselbe Quelle benutzt. Folglich sind die umstrittenen Verse echt.

Wir dürfen aber hierbei nicht stehen bleiben. Denn in dem Briefe werden Tatsachen aus der Vorgeschichte der beiden Hauptpersonen berührt, die in den Kyprien nicht gestanden haben. Ebenso in der Antwort der Helene, die sonst im Allgemeinen auf der Parisepistel fusst. Beide Briefe aber rühren von demselben Dichter her: denn der des Paris ist nicht in sich abgeschlossen, sondern von vornherein darauf angelegt, eine Erwiderung der Helene hervorzurufen.

Zu jenen Abweichungen von den **Kyprien**
gehören zunächst zwei Motive, welche sich in den
Rahmen der Epistel wol fügen. Helene ist die
Tochter der Leda, welche Zeus in Gestalt eines
Schwanes verführte (XVI 1. 291—294. XVII
47 f. 57 f.); in den Kyprien war Nemesis ihre
Mutter. Ferner die Freier der Helene (XVII
105—109): sie sind bezeugt erst für Hesiodos
(fgm. 118. 119 Rz.) und Stesichoros (fgm. 36).
Jedoch es treten directe Widersprüche zu
Tage, welche aufdecken, dass der Dichter der
Briefe tatsächlich verschiedene Quellen ver-
arbeitet hat. Das könnte sogar bedenklich
machen. Helene erwähnt in ihrem Brief, dass
die Göttinnen sich vor Paris entkleidet haben
(XVII 117 f.). Dessen eigene Erzählung aber, und
zwar die angefochtenen Verse, weiss schlechter-
dings nichts davon. Das muss befremden.
Indessen gerade in der fraglichen Partie steht
auch, dass Helene der Aphrodite an Aussehen
völlig gleiche (XVI **135—138**): welcher von
beiden Auffassungen steht das wol näher, der
alten der Kyprien, wonach Paris nur nach den
Versprechungen entscheidet, oder jener jüngeren,
wonach er auch über die Gestalten der Göttinnen zu Gericht sitzt?
    Ferner Oinone. Helene weiss, dass Paris

sie Jahre lang geliebt habe (XVII 197). Dieser
aber erzählt in den umstrittenen Versen:
nach seiner Wiedererkennung und Aufnahme
in das Vaterhaus hätten sich Mädchen und
Nymphen wetteifernd um seine Liebe bemüht:
als Beispiel hebt er Oinone hervor (XVI
95 - 98) [34]). Bei dieser Art der Einführung ist
es ausgeschlossen, dass Paris die Oinone vorher, etwa in der Lücke nach v. 50, genannt
habe. Von einer jahrelangen Liebschaft kann
mithin nicht die Rede sein: denn bald nachher
reist Paris nach Griechenland. Die Erwähnung der Oinone passt nun an jener Stelle der
Parisepistel überhaupt nicht: erst nach seiner
Wiedererkennung will Paris jene Verhältnisse
angeknüpft haben, deren eines das zu Oinone
ist: und doch sagt er unmittelbar danach,
aller dieser Mädchen sei er überdrüssig geworden, sobald er von Helene erfahren hätte,
also sofort nach dem Parisurteil, d. h. noch
vor seiner Wiedererkennung. Es ist ganz
deutlich: die den Kyprien entlehnte Erzählung
war in sich geschlossen, und als der Dichter
das fremde Motiv einschob, vermochte er es
nicht, sie an der rechten Stelle zu durch-
brechen. So sitzt die Discrepanz diesmal auch
innerhalb der angezweifelten Verse selber.

Auch die zweifellos echten Partien enthalten derlei Unebenheiten. Paris schreibt:
Helene solle doch nicht glauben, er sei wirklich ein Kaufmann, der in Sparta mit seinen
Schätzen Handel treiben wolle; sie solle auch
nicht glauben, er sei als Vergnügungsreisender
da, um sich die Städte von Hellas zu besehen;
nur ihr gelte seine Reise (31—34). Das liest
sich glatt in dieser negativen Form. Aber
dahinter verbirgt sich der Vorwand, unter
welchem sich Paris bei Menelaos eingeführt
hat. Kann er in irgend einer Erzählung, wenn
er wahrscheinlich bleiben wollte, zweierlei vor-
geschützt haben? Nun motiviert Paris mit der
Erfindung, er sei Handelsmann, das Mitbringen
der Schätze, der munera (32). Diese benützt
er freilich nicht. Auch in den Kyprien hatte
Alexandros Schätze mit: dort aber macht er
von ihnen Gebrauch, indem er sie der Helene
beim Mahle überreicht. Der Zusammenhang
ist deutlich: jener erste Vorwand gehört zu
dieser Version. Damit entfällt der andere
für die Kyprien. Aber gerade auf ihn nehmen
auch die verdächtigten Verse Bezug: Menelaos
zeigt seinem Gaste die Sehenswürdigkeiten von
Lakedaimon (**131** f.).

Endlich: Paris erwähnt den Raub der Helene

durch Theseus, der in den Kyprien stand. Aber wenn er sagt (151 f.), Helene sei entführt worden, gerade als sie nach Landessitte in der Palaistra gemeinsam mit Männern gymnastischen Uebungen oblag, so ist das nicht nur unbezeugt für das Epos, sondern jung und überhaupt eine schlechte, unwahrscheinliche Erdichtung: unter solchen Umständen wäre Theseus mit seiner Beute nicht weit gekommen. Man sieht, der Dichter vereint wiederum zwei von einander ursprünglich unabhängige Motive, den Theseus-Raub und die gymnastische Erziehung der Helene.

Nun erwächst aus diesem Sachverhalt der Echtheit unserer 106 Verse die festeste Stütze. Nicht nur dieselbe einheitliche Grundfabel liegt überall vor, sie kennen auch dieselben Abweichungen von ihr, die in den unbestritten alten Versen auftauchen. Dann muss derselbe Dichter alles verfasst haben.

Woher aber rühren jene Varianten?

Die spätere Zeit kennt noch einen zweiten Bericht über das Parisurteil. Er liegt am vollständigsten vor bei Lukian, der ihn einem seiner Göttergespräche (XX) und einem seiner Διάλογοι ἐνάλιοι (V) zu Grunde gelegt hat. Er lautet:

Zu der Hochzeit des Peleus wird Eris nicht
eingeladen. Aus Groll darüber wirft sie einen
Apfel unter die Gäste mit der Inschrift: *H
KAΛH ΛABETΩ.* Sofort entsteht Streit
zwischen Hera und Athena und Aphrodite,
wem der Apfel gebühre (DM *V*). Sie wenden
sich an Zeus; der aber lehnt die Entscheidung
ab und beauftragt Hermes, die Streitenden vor
Paris zu führen: dessen Urteil soll über den
Besitz des Apfels entscheiden (DM *V*, DD *XX*1).
Paris ist der anerkannte Sohn des Priamos
(DD *XX*11); er weidet die Herden seines
Vaters auf dem Ida '(DD *XX*1.7) und hat
dort ein Liebesverhältnis mit Oinone (DD *XX*
3.13). Als die Göttinnen kommen, sitzt er
bei seiner Herde auf einem Felsen (DD *XX*5).
Unter Führung des Hermes nahen sie ihm,
erst Hera, dann Athena, schliesslich Aphrodite (DD *XX*7). Hermes übergiebt ihm den
Apfel und eröffnet ihm den Auftrag des Zeus.
Paris erschrickt und erbleicht, als er vernimmt,
wen er vor sich habe (DD *XX*7); aber Hermes beschwichtigt ihn durch den Hinweis auf
den Befehl des Zeus (DD *XX*9). Um entscheiden zu können, verlangt Paris, dass die
drei Göttinen sich entkleiden (DD *XX*9), und
nachdem Hermes es ihnen befohlen und sich

entfernt hat (DD *XX* 9), tun sie es. Paris be-
sichtigt sie einzeln, und dabei machen sie ihre
Anerbietungen, Hera das der Herrschaft über
Asien, Pallas das der Unbesieglichkeit (DD *XX*
10 – 12). Aphrodite ist nicht nur die schönste,
sie verspricht auch das Schönste, den Besitz
der Helene (DD *XX* 13). Diese, die Eigeborne,
ist die Tochter der Leda, welche Zeus in
in Schwangestalt bewältigte; sie ist aufgewachsen in der Palaistra, früh von Theseus
geraubt; einst von unzähligen Freiern um-
worben, wurde sie die Frau des Menelaos
(DD *XX* 14); im Aeusseren gleicht sie Aphrodite (DD *XX* 13). Diese weist nun Paris an,
wie er die Entführung einzuleiten habe: ὡς
ἐπὶ θέαν solle er nach Hellas gehen (DD *XX*
15), sie selbst werde ihm helfen und die
Helene ihm zuführen. Daraufhin erhält Aphrodite den Apfel (DD *XX* 15. 16).

Diese Erzählung läuft ohne irgend welchen
Anstoss fort. Gleichwol verbindet sie Dinge
von verschiedenem Ursprung und Alter. Den
Rahmen des Ganzen, aber nur diesen und
wenige Einzelheiten, haben auch hier die
Kyprien hergeben müssen: die Füllung stammt
anderswoher. Also das umgekehrte Verfahren
wie bei Ovid: dieser nimmt als Grundstock

das Epos und setzt an einigen Ecken andere Stücke auf. Bei Lukian sind uralt die Freier der Helene und die Verführung der Leda; vor Euripides (Andr. 596—603) liegt auch die gymnastische Erziehung der Helene; Oinone kam durch Hellanikos in die Literatur; ganz jung ist die Umbildung des Parisurteils durch Hinzufügung des Apfels und die Decostümierung der Göttinnen. Beides ist den Vasen noch fremd und herrscht erst auf den etruskischen Spiegeln, den pompeianischen Bildern, den Sarkophagen und sonstigen Skulpturen römischer Zeit. Insbesondere das letzte Motiv ist die Fortbildung der auf den letzten Vasen vorwiegenden Auffassung, dass die Göttinnen nacheinander zur Musterung vor Paris hintreten Von da bis zum völligen Entkleiden ist nur ein Schritt, und nicht einmal ein grosser, da schon die hellenistische Zeit sich Aphrodite nur nackt vorstellen kann. Der älteste literarische Zeuge dieser Version ist Properz (II 2, 13 f.).

Indessen Lukian ist selber nicht der Compilator dieser Erzählung gewesen. Denn sie enthält ausnahmslos alle die Abweichungen von den Kyprien, die sich in den ovidischen Briefen feststellen

liessen. Die gleiche Zusammenfügung derselben zu einer einheitlichen Fabel ist bei
beiden benutzt. Und damit ist die letzte
Lösung des Problems, welches die Epistel
bot, gegeben. Denn es kann uns gleich-
gültig sein, auf welchem unmittelbaren Wege
der Dichter zu seinen Kenntnissen gekommen
ist. Denkbar wäre zweierlei: entweder er
fand das Excerpt aus den Kyprien zusammen
mit allen Discrepanzen in einer Quelle vor,
also in einem mit Varianten ausgestatteten
mythographischen Handbuche, das dann auch
dem Lukian vorlag; oder Lukian repräsentiert
eine einheitliche Umarbeitung der alten Sage,
eine Erzählung, die alles das zusammenfasste,
was in späterer Zeit zum eisernen Bestande
der Vorgeschichte des troianischen Krieges ge-
hörte, und der Verfasser der Briefe hat diese
Dichtung mit einer reinen Hypothesis der
Kyprien verbunden. Die letztere Möglichkeit
ist die wahrscheinlichere[35]). Doch wie dem
auch sei, in jedem Falle bleibt das gesichert,
worauf es uns ankam: die Echtheit jener 100
Verse und der Anteil der Kyprien an den
beiden ovidischen Episteln.

~~~~~~~

Anmerkungen.

[1]) Für die Untersuchung entfallen natürlich a) alle gelegentlichen Notizen aus anderen Mythenkreisen, sowie alle Handbücherweisheit, die nur die Gelehrsamkeit des Dichters betätigen soll, ohne innere Beziehung zur Fabel des Gedichtes; also z. B. Aufzählungen wie 265 ff.; Genealogisches wie 175; 206 ff. (Gräuel des Atridenhauses); die in der mythographischen Literatur häufige Zusammenstellung des Ganymed, Anchises, Tithonos 289—294 (hymn. hom. Ven. 200 ff., 218 ff. Heraklit. de incred. 28; schol. T $\varDelta$ 1); b) alles, was auf Homer, den Kanon auch der Spätesten, zurückgehen kann, z. B. Hermione 256 (δ 14); Aithra und Klymene 259 ($\varGamma$ 144); die Erbauung Troias durch Apollon 182 ($\varPhi$ 441 ff.), obwol hier eine spätere Version befolgt ist.   [2]) Auf sf Vasen: bei OHG IX 5. 6.   AZ 40, taf. XI. 41, S. 307. Gerhard AV III 173   Kyathis Vidoni bei OHG Nro. 22.   Berlin 1804.   Collignon 259. Brit. Mus. 582; auf rf Vasen: bei Hieron, OHG X4, und Brygos, Ann. 1856, tav. 14. OHG IX8. X'. Welcker, AD V, Taf. A 1. Sabur. 1, Taf. 61.   AZ 1845, Taf 29, 2. 40,

212. El. cér. II 51. 53.   [3]) Göttinnen mit
Blumen oder Zweigen, auf sf Vasen: Gerhard
AV III 171. 172. OHG IX 5. AZ 41, 307.
Kyathis Vidoni bei OHG Nro. 22. München
107. 773. 1250. Brit. Mus. 451. 524*. 530.
Collignon 259. Campana IV 208; auf rf
Vasen strengen Stiles: OHG IX 8. X 4 (Hieron).
6. Gerhard AV III 176. Sabur. I 61. Welcker
AD V, Taf. A1. Später nur noch vereinzelt:
Berlin 2536. 3243. Gerhard, Ap. VB D1.
[4]) Auf sf Vasen: OHG IX 5. AZ 40, taf.
XI. 41, 307. Berlin 1804. Brit. Mus. 451. 513.
Journ. of hell. stud 1886, pl. LXX. Ebda
S. 198, Fig. 2 Jane Harrison, Ebda S. 200,
Nro. 1. 4. 5; auf rf Vasen strengen Stiles, wo
sich aber das Motiv teilweise zum Ausdruck
leichten Staunens oder mistrauischer Neu-
gier verflüchtigt: OHG IX8. XI.4 (Hieron).
Welcker AD V, Taf. A1. AZ 41, Taf. XV.
El. cér. II 53. Später nur ganz vereinzelt
und abgeblasst: Berlin 2536. 2610.   [5]) z. B.
OHG X 2. 5. Gerhard Ap. VB XI - XIII;
D1. 2. Welcker AD V, Taf. B4. Stephani,
CR 1861, Taf. III. Röm. Mitt. II (1887). Taf.
XI/XII. Neapel 1770. 3244. Santangelo 560.
[6]) Auf sf Vasen: OHG IX5. AZ 40 Taf.
XI. Collignon 259; im rf strengen Stil bei
Saburoff I Taf. 61; im Beginn des schönen
Stils OHG X3; später Él. cér. II 87. Das Motiv
ist also jedenfalls alt.   [7]) OHG X1. 6.
Welker AD V, Taf. A 3. — OHG X1 läuft

eilig weg. Die Coincidenz der literarischen Ueberlieferung (Ov. her. XVI 72; Lukian DD XX) verbietet es hierin einen Zufall oder ein Versehen der Künstler zu erkennen. ⁸) Bisher nur auf zwei nicht publicierten Vasen (Santangelo 560. München 247); es liegt also vielleicht ein Irrtum der Cataloge vor. ⁹) Dass das nicht etwa bildlich gemeint ist, lehrt die Erwiderung der Hekabe 983 - 990. ¹⁰) Vgl. Anm. 15. ¹¹) Von hier ab die Zahlen in den Citaten aus der verdächtigten Partie in fettem Druck. ¹²) Vergl. Anm. 7. ¹³) Vgl. Anm. 33. ¹⁴) Vgl. meine Ἐπικλήσεις, cap. V p. 18 ff. ¹⁵) Die attische Version bei Lykophron 503—511: die Dioskuren überziehen Attika mit Krieg; aber Alles ist mit lakonischen Schlüsseln, d. h. sehr fest (zu 508 θριπόβρωτος ἄψαυστος δόμων σφραγίς vgl. Arist Thesm. 421 ff. nebst Scholien; Hes. θριπόβρωτος, θριπήδεστον), verschlossen, sie erbeuten nichts, sondern führen nur Aithra weg. Dabei aber fällt Kastor, und dies Ereignis *ebnet den Lauf zu den Sternen* τοῖς ἡμιθνήτοις διπτύχοις Λαπερσίοις. So sterben die Dioskuren bei Lykophron zweimal; denn er erzählt später den Kampf mit den Aphariden nach den Kyprien (533 ff.). Dies Verfahren ist bei ihm nicht ohne Parallele. Der attische Charakter dieser Version bedarf keines Beweises. Euripides hat sie auch, Hel. 137 −142. 1658—61, an der ersten Stelle in starkem Widerspruch zu der gesamten Erfindung des Stückes. Er spielt darauf auch Tro. 132 an, wenigstens vermag ich *Κάστορι λώβαν* nicht anders zu beziehen. Tro. 1010 f. wird der *καταστερισμός* der Dioskuren gleichfalls erwähnt. sie leben aber noch, als Helene von Paris entführt wird. Die Version des Lykophron und Euripides wird in der an Arat ansetzenden grammatisch - mythographischen Tradition zur Erklärung des Sternbildes der Zwillinge benutzt; Eratost. cat. X = schol. Germ. BP p. 68,2 Rob. (p. 127 Breys.) = Hyg. PA 1122 = Avien 367 - 81. Hygin a. a. O. fügt als zweite Erklärung der Gemini noch den Tod des Kastor im Kampf mit Idas und Lynkeus in Sparta hinzu. Aus einem dem Hygin nahestehenden Aratscholion kontaminiert Ovid fast. V 693 - 720. [16]) Proklos; Paus. X 25, 8. [17]) Vielleicht geht der kyklische Becher (*Ἐφ. ἀρχ.* III (1884) 59 ff Taf. 5. Robert D L Z 1890, S. 105 - 108), der inmitten einer Reihe von Illustrationen zu den kyklischen Epen steht und die lakonische Version giebt, auf die Kyprien zurück. [18]) Phot. *Κυσολάκων. Λακωνίζειν.* Vgl. v. Wilamowitz, Herm XVIII 249 ff. [19]) Nicht in Betracht kommt Hyg. fab. 91. Dort träumt Hekabe von einer Fackel, aus der sich Schlangen entwickeln. Die Schlangen haben nach Ennius fgm. 1 bei Euripides sicher nicht gestanden. Also dürfte man ohnehin aus der Fabel nur das für Euripides in Anspruch nehmen, was anderweitig bezeugt ist. Aber Fackel und Schlangen: das ist ja ein Doppelmotiv. Ein Doppelmotiv ist es auch, wenn erzählt wird: Paris sei zu den Wettspielen nach Troia gekommen, weil königliche Diener ihm den schönsten Stier als Siegespreis für die Spiele entführt hätten. Sein Hinabsteigen nach Troia war entweder durch die Kampfspiele allein zu motivieren — und das reichte völlig aus, oder durch den Raub seines Lieblingsstieres. Die Vereinigung beider, demselben Zwecke dienenden, aber zu einander nicht recht passenden Motive lehrt, dass die Fabel eine kontaminierte Erzählung ist. Von den Hauptscenen des euripideischen Dramas (Botenbericht, Redekampf) steht nichts bei Hygin. Die Erkennung aber des von Deiphobos mit dem Schwerte bedrohten Paris durch die Weissagung der Kassandra ergiebt eine Scene von 4—5 Schauspielern, während Euripides, nach Ausweis der Troerinnen, für diese Trilogie nur drei hatte. Der Urheber dieser Version, die eine Fortbildung der euripideischen ist, übrigens auch auf etrurischen Aschenkisten vorliegt, ist nicht ermittelt.

[20]) Dass ein Gott den Prolog gesprochen habe, würde der Technik des Euripides nicht entsprochen haben, der zu den Göttern nicht greift, wenn er einen Menschen finden kann, der alles weiss. Hier wird es durch den Prolog der Troerinnen ausgeschlossen, der insbesondere ein Auftreten der Aphrodite, wie

man es für das erste Stück meist annimmt, unmöglich macht. In das προοίμιον des Alten gehören Eur. fgm. 43. 46 (mit Beziehung auf Priamos und dessen Schmerz gesagt). Enn. fgm I. II. 21) Vergl. Eur. fgm. 49. 22) Ein παραχορήγημα von Hirten für eine der mittleren Scenen bezeugt durch schol. Eur. Hipp. 58. 23) Das folgt aus Eur. fgm. 49. Der Rede des Deiphobos gehören ausserdem Eur. fgm. 51. 52. 24) Eur. fgm. 57. Aus der Rede des Paris stammen Eur. fgm. 55. 56. 58. 2») Eur. fgm. 53. 54; beide Fragmente gehören metrisch zusammen und sind Reste eines grösseren Chorliedes; für ein Parachoregem passen auch solche ruhige Betrachtungen nicht. 26) Serv. Aen. V 370. Dracont. VIII 98—103. 27) Der Scene vermag ich nur Ennius fgm. VI zuzuweisen, das trotz der metrischen Uebereinstimmung nicht in den Botenbericht gehören kann. 28) Unsicher ist die Stellung von Eur. fgm. 61 (Schluss des ἀναγνωρισμός oder Schluss des Ganzen) und 62 (entweder gegen Kassandra oder im ἀγὼν λόγων) 29) Bild und Lied 233 ff. Die Worte des Euripides sind genötigt worden, Zeugnis abzulegen für eine sonst nirgend belegte Form der Sage. Andr. 293:

ἀλλ' εἴϑ' ὑπὲρ κεφαλὰν ἔβαλεν κακὸν ἁ τεκοῦσά νιν Πάριν, πρὶν Ἰδαῖον κατοικίσαι λέπας, ὅτε νιν παρὰ ϑεσπεσίῳ δάφνᾳ βόασε Κασσάνδρα κτανεῖν, μεγάλαν Πριάμου πόλεως λώβαν. τίν' οὐκ ἐπῆλϑε, ποῖον οὐκ ἐλίσσετο δαμογερόντων βρέφος φο-

νεύειν; das sollte heissen, dass trotz Kassandras
Flehen man Paris nicht tötete, sondern aufzog und hernach als Jüngling auf den Ida
schickte, wo er, wie nach Homer andere
Königssöhne, Herden weidete. Diese Interpretation ist sprachlich unmöglich: *κατοικίσαι λέπας* kann man nicht sagen von Je-
mandem, den man zum Hirten macht, auf
einem *λέπας* weidet keine Herde. Der Ausdruck kann nur verstanden werden von der
Aussetzung des Paris auf die Felsen des Ida:
für diese Deutung belegt durch I A 1294.
Der ganze Vorgang spielt unmittelbar nach
der Geburt des Paris: da wäre die Erwähnung
der Bestimmung, der Paris doch erst nach
Jahren zugewiesen wurde, unpassend gewesen.
Zu *κατοικίσαι* ist doch wol dasselbe Subjekt
zu nehmen, wie zu *ἔβαλεν*, also Hekabe: d i e
hat aber später gar nicht zu bestimmen, ob
der Sohn Hirt werden solle; das ist Sache
des Vaters. *ὑπὲρ κεφαλὰν ἔβαλεν* ist ganz
wörtlich zu fassen: Hekabe hätte das neu-
geborene Kind packen, über ihr Haupt schleu-
dern und so zerschmettern sollen, statt es aus-
zusetzen; von den Damogeronten verlangt
Kassandra, dass sie das *βρέφος* an Ort und
Stelle umbringen.   [30]) Robert a. a. O. 237.
[31]) Robert a. a. O. 237 f.   [32]) Nicht zu
übersehen ist, dass dadurch auch die Ent-
stehungsgeschichte des Namens Alexandros in
die Kyprien rückt. Das Epos hält sich im

Allgemeinen von Etymologien fern: aber hier
handelt es sich nicht um eine etymologische
Spielerei, sondern um eine Erzählung, aus der
der Name abgeleitet wird. Da die Ilias beide
Namen des Paris kennt, müssen die Kyprien
sie ebenfalls gekannt, also, da sie die Jugendgeschichte des Paris enthielten, auf jeden Fall
auch die Ursache der doppelten Benennung
erklärt haben. Zudem würden Stellen, wie
Z 402 f. genügen, um die Möglichkeit einer
solchen Etymologie für das Epos zu sichern.
[33]) Mit Hilfe dieses Ergebnisses lässt sich
Lyk. 86—98 auf die Kyprien zurückführen,
wodurch dann wieder Tainaron als Landungs-
platz des Alexandros (Ov. ep. XVI 30) für
das Epos gesichert wird: Lyk. 90. Las (Lyk.
95) ist die Stadt der Dioskuren (Paus. III 24, 6. 7),
von denen Paris in den Kyprien bewirtet ward
(Prokl.). [34]) Die Stelle ist verdorben; aber
die Erwähnung der Oinone in diesem Sinne
sicher. [35]) In der Epistel der Oinone (her.
V) ist für Ovid die Hauptquelle eine ausführliche
novellistische Dichtung über Oinone, gewiss
aus hellenistischer Zeit. Den Hintergrund
aber bildet wieder die Erzählung der Kyprien:
Alexandros ist das ausgesetzte Kind und der
unerkannte Sklave des Priamos (11 f. 78), erst
das Parisurteil führt seine Erkennung herbei
(33 f.); darauf folgt der Flottenbau (41 f.)
und die Weissagung der Kassandra im Moment
der Abfahrt: denn wenn diese auch hier ge-

richtet ist an Oinone (115 ff.), die am Ge-
stade trauert, so ist das doch eine ad hoc,
d. h. von Ovid selbst, vorgenommene Umbildung, also Benutzung des alten Motives, zumal der Inhalt der Prophezeiung nun nicht
recht passt. Helene aber ist von Theseus geraubt und unberührt zurückgegeben (127 ff.).
Wenn auch hier beim Parisurteil die drei
Göttinnen sich entkleiden (35 f.), so beweist
das nicht, dass der Dichter dieselbe Verbindung mit der Erzählung der Kyprien gekannt hat, wie Lukian: denn von den bei
diesem auftretenden, aus mannigfachen Quellen
stammenden Abweichungen von den Kyprien
hat Ovid ausser diesem einen Motiv nichts;
und das war nicht nur zu seiner Zeit populär,
sondern existierte auch tatsächlich einzeln,
wie die Properzstelle beweist. Und Spuren
einer reinen Hypothesis der Kyprien finden
sich auch sonst bei Ovid: A. am. II 351 ff.
Rem. 773. Er kann also beides recht gut selb-
ständig verbunden haben. **G. W.**

Nachtrag. Die durch die Güte des Verfassers
mir nach Beendigung des Druckes zugehenden „Ho-
merischen Becher" von Carl Robert konnten nicht
berücksichtigt werden. Der oben ausgesprochenen
Vermutung, die Darstellung des Helena-Raubes durch
Theseus auf dem kyklischen Becher stamme aus den
Kyprien, ist nunmehr die eine Stütze entzogen: die
der Zugehörigkeit zu einer Serie von Gefässen, die
alle aus den Epen stammen, denn auch die Tragoedie
ist in den Bechern benutzt. Gleichwol lässt sich
jene Annahme nunmehr zur annähernden Gewissheit
erheben. Von Roberts Deutung des Bechers und
von seiner Behandlung schol. Γ 242 wird man allerdings erheblich abweichen müssen. Lykophron 504 ff.
schöpft vielleicht aus Hellanikos (schol. Γ 144).

Hochzeitszug des Poseidon.

~~~~~~

Zu den Zierden der Münchener Glyptothek, etwas weniger berühmt, aber für den nicht archaeologisch gedrillten Blick bedenklich woltuender als der Apollon von Tenea und die Aigineten, gehört das Relief Nro. 115, welches nach alter und selbstverständlicher Deutung die Hochzeit des Poseidon mit der Amphitrite darstellt. Es ist in zahlreichen Gypsabgüssen verbreitet, in Overbecks Kunstmythologie (Atlas, Taf. XIII 10) abgebildet und oft beschrieben worden, zuerst von Otto Jahn in den sächsischen Berichten 1854. Mit Recht hat man das Geschick des Künstlers hervorgehoben, der das Brautpaar in die Mitte stellte und die Schar der Gäste, der Nereiden, Tritonen und Meerungetüme von beiden Seiten heranschwimmen liess, sodass nicht nur eine allseitige Steigerung auf die Hauptgruppe hin, sondern auch der Eindruck erweckt wird, als wollte nach erfolgter Gratulation nun Alles, den Götterwagen an der Spitze, nach vorn auf den Beschauer zu schwenken. Dieses Darstellungsprincip, der Plastik dem Wesen nach fremd und in der älteren Kunst nirgend nachweisbar, ein Princip, welches durch die Betonung perspektivischer Wirkungen, wie solche auch bei jeder einzelnen Figur beabsichtigt sind, sich als stark durch die Malerei beeinflusst erweist, kann uns für die Datierung des in Stil und Technik einzig dastehenden Kunstwerkes von Belang werden. Denn seiner Entstehung Zeit und Ort stehen noch immer nicht fest. Man hat noch nicht ernstlich versucht, über Urlichs hinauszugehen, der es in seinem Buche über Skopas 1863 einer eingehenden Betrachtung unterzog. Er erklärte das Relief für ein Originalwerk des Skopas, und seine Ansicht gilt heute noch allgemein. Gegen sie hat sich nur Wolters im Katalog der Berliner Gyps-abgüsse gewendet, um es wegen der natura-listischen Bildung der Eroten und wegen gewisser Unfeinheiten in der Detailausführung dem letzten vorchristlichen Jahrhundert zuzu-weisen. Gewiss beruhen beide Motive auf scharfen Beobachtungen: jene Plumpheiten im Detail, welche die graziöse Wirkung des Ganzen zwar nicht beeinträchtigen, aber um

so entschiedener hervorgehoben werden mussten,
erstrecken sich vielleicht noch weiter, als selbst
Wolters meint, und das Gewimmel der an den
exponierten Punkten balancierenden Eroten
zeigt uns Figuren von sehr viel geschickterer
Bildung, als selbst das vierte Jahrhundert sie
zu leisten vermochte — vielleicht durch ästhe-
tische Principien gebannt; denn schwer vermag man sich vorzustellen, dass Praxiteles
aus technischem Unvermögen etwas so Rohes
wie seinen von Hermes getragenen Dionysos-
knaben produciert habe. Aber, wenn schon
jenes negative Moment, die kleinen technischen
Schwächen, wenig geeignet erscheint, uns in
eine bestimmte Zeit zu führen — *denn nur*
die Kunst hat eine Geschichte, nicht die Pfuscherei
—, so werden wir mit der Betrachtung der
Eroten nicht weiter kommen; einmal wissen
wir von der hellenistischen Kunst viel zu
wenig, um uns über die Vorbilder des ersten
Jahrhunderts ein Urteil bilden zu können, und
dann kann von einem wirklichen Naturalismus
auch hier keine Rede sein, da Kinder dieses
Alters weder solche Musculatur noch solche
Kopfdimensionen besitzen können. So hält
denn auch Brunn im Kataloge der Glyptothek
von 1879 an Urlichs' Vermutung, wenn auch

zögernd, fest. Seither sind allerdings die Köpfe von Tegea gefunden worden, und nach den an sie anknüpfenden stilistischen Untersuchungen Gräfs ist Skopas hier geradezu ausgeschlossen. Aber auch wer sich nur auf äussere Gründe verlässt, wird ihn aufgeben müssen. Denn die Pliniusstelle (XXXVI 26), auf welche Urlichs seine Combination aufbaute, mittels deren er sogar den Tempel erschloss, dem das Relief ursprünglich als Fries angehört haben sollte, erwähnt unter den dargestellten Persönlichkeiten auch Thetis und Achill: für den Letzteren aber ist bei der Hochzeit des Poseidon absolut kein Platz.

Das Relief ist jünger als Skopas, das ergab schon der Stil. Poseidon wie die Nereiden setzen Typen des vierten Jahrhunderts voraus, und jene malerische Technik, welche übrigens in Verbindung mit der Höhe der Arbeit verhindert, an eine Friesordnung zu denken, weist, wie die Analogien von Pergamon und von einzelnen Sarkophagen lehren, in die hellenistische Zeit. Es handelt sich nur um eine nähere Bestimmung. Und da fällt nun der Brautschleier auf, welchen Amphitrite ganz anders trägt, als wir ihn auf den zahlreichen, namentlich attischen Hochzeitsbildern sehen. Eine Beschreibung würde sehr viele Worte erfordern und dennoch kein genügendes Bild liefern; nur die Vergleichung der Monumente selbst kann überzeugen, wie sie auch allein im Stande ist, die Aehnlichkeit des einzigen Analogen zu beweisen. Dieselbe Art, Haar und Schleier zu tragen, finden wir nämlich bei den Porträts der Königin Berenike, der Tochter des Magas von Kyrene und Gemahlin des Ptolemaios Euergetes, welche alexandrinische Münzen uns bewahrt haben. Die Königin, über die wir durch Kallimachos' *Πλόκαμος* zufällig etwas besser unterrichtet sind, als über die meisten Mitglieder ihres Hauses, hatte ja besondere Ursache, den Schleier in jener engen und diskreten Weise zu tragen, welche die Münzen zeigen (vgl. z. B. Berliner Münzcabinet 521. 522; v. Sallet, Num. Zeitschr. 1878): sie hatte nach der glücklichen Heimkehr ihres Gatten aus dem syrischen Feldzuge ihr Haupthaar den Göttern geopfert und verhüllte nun die ungewöhnliche Frisur mit dem Schleier. So führte sie, die Gelegenheit wahrnehmend, zugleich eine neue Mode ein, und der Bildhauer erwies ihr eine Artigkeit, wenn er ihre Erfindung auf die Königin des Meeres übertrug. **F. S.**